OFF GRID LIFE

Samuel Glazebrook

Jeff Waldman | California coast

OFF GRID LIFE

自然とつながる、住みかをつくる

FOSTER HUNTINGTON

フォスター・ハンティントン

Dan Huntington | Columbia River Gorge, Washington

OFF GRID LIFE
YOUR IDEAL HOME IN THE MIDDLE OF NOWHERE

Foster Huntington

This edition published by arrangement with Black Dog & Leventhal, an imprint of Perseus Books, LLC, a subsidiary of Hachette Book Group, Inc., New York, New York, USA through Japan UNI Agency, Inc., Tokyo.

Jacket design by Joshua McDonnell
Jacket copyright ©2020 by Hachette Book Group, Inc.
Print book interior design by Joshua McDonnell.

CONTENTS

Philipp Sacher | Germany

PREFACE

　住宅という枠組みにとらわれずに暮らしたいという僕の夢は、2011年8月に現実のものとなった。ニューヨークのマンハッタンで朝の5時、最後の荷物──ダッフルバッグ2個とサーフボードバッグとオスプレーの大きなバックパック──を持って、エレベーターのないアパートの5階の部屋を後にすると、JFK空港から飛行機でネバダ州リノへ向かい、そこで1987年式のフォルクスワーゲン・ヴァナゴン・シンクロを受け取った。それから3年間、僕はメキシコやカナダ、アメリカ西部を15万マイルにわたって車で旅し、最初はヴァナゴン、その後はトヨタのピックアップをベースにしたキャンパーで暮らした。夜は国有地や友人宅の私道、町の路上に車を停めた。コーヒーショップやレストラン、ドライブインのトイレを使った。車が寝室で、アウトドアがリビングだった。20代半ばにそうした時間を過ごしたことで、自分が快適に暮らすには何が必要か、自分が幸せでいるには何を妥協すべきかについて、それまで僕が抱いていた考えはすっかり変わった。そして、刺激を求める気持ちが満たされ、人生には9時5時の会社勤めよりも大事なものがあるという強い信念をさらに強くした。

　僕は旅の途中、実に様々な暮らし方をする人たちと出会った。バイクの後ろに積んだテントで生活する人もいれば、標高1万フィートのコロラドロッキーで簡素な小屋に住む人、ロサンゼルスの丘の上でエアストリームで暮らす人、オレゴン州南部にある大麻畑を見下ろすツリーハウスの集落で暮らす人もいた。どの人にも共通していたのは──自ら選んだにせよ、事情があったにせよ──誰もが小さな家に住んでいるということだった。そして、その家は、独学で得た知識と自らの手によって、自分たちで建てられたり、熱心にメンテナンスされたりしていた。寝室が3部屋あって、風呂場が2つあって、ガレージも付いているような家は1つもなかった。平均的な大きさよりもはるかに小さく、ほとんどは1000平方フィート（約93平方メートル）以下だった。

車で暮らし始めて3年が経つと、次の住みかについて考えるようになった。オレゴン州ポートランドで物件を見ていたが、コーヒーショップやレストラン、食料品店に便利に通えるという以外、都会に住みたいと思う理由はないとすぐに気付いた。僕の理想の家は、ベイエリアやブルックリンのような、高級化が進む住宅街に見合った生活をしようと躍起になっている隣人たちに囲まれたものではなかった。大きなプロジェクト——建築や写真、映像制作など——に取り組めるだけの設備が整っていて、僕が旅をしている間、温かくもてなしてくれた友人たちをみんな招待できるよう十分な広さがある場所を望んでいた。ニワトリやヤギが飼える庭が欲しかった。焚き火をしたり、炭火で料理がしたかった。近所の人に見られる心配もせず、外でオシッコがしたかった。やりたくない仕事をしなければ払えないほどの住宅ローンを抱えたく

はなかった。僕は人里離れた田舎を探すことにした。そして、昔からの友人であるタッカー・ゴーマン（本書のTreehousesとTiny Homesの章に登場する）と様々なアイデアを出し合い、コロンビア川渓谷を見下ろす小さな休火山の山頂で、ダグラスファーの木が密集する場所に、2棟のツリーハウスとそれらをつなぐ橋を作るという計画を立てた。

　僕らはツリーハウスを作り上げ――詳細はTreehousesの章に記載――僕は2014年から2019年までそこで暮らした。水道もトイレもなかったけれど、それまで車で暮らしていたおかげで、生活環境の変化にそれほど苦労はなかった。ツリーハウスを寝室兼仕事場として使い、地上20フィートの200平方フィート（約19平方メートル）の場所で、1年中暮らした。ツリーハウスや橋が立てる音を聞けば、外の天気がわかるようになった。大切なダグラスファーを何インチも氷で覆ってしまう毎年の冬の嵐は、ひどく恐ろしかった。そうした嵐の夜にも、地上へは避難しなかった。白鯨を追いかけるエイハブのような不屈の精神で、枝が落ち、氷が砕け、木が揺れるのにも耐え抜いた。4月になるとミドリツバメが現れて、冬の終わりを告げた。ツリーハウスのまわりや橋の下を飛び回り、虫を追いかけ、木に巣作りをするツバメたちがやって来ると、僕はいつも、同じ木を住みかとして共有していることを思い出した。

　20代半ばだった僕も、30代に差しかかると、再び生活のニーズが変化した。ガールフレンドのケイシーと一緒に暮らすようになり、コッカースパニエルの子犬、ジェンマを飼い始めた。ツリーハウスに限界が見え始めた。夜中にデッキの端でトイレをするのは、ケイシーにとって楽しいことではないようだった。シンダーコーン――コロンビア川渓谷にある僕の所有地のニックネーム――には、ツリーハウスから200フィートほど離れたところに、1000平方フィート（約93平方メートル）の納屋を改造した家がある。地上で夜を過ごすことが多くなり、木の上で過ごす夜は少なくなっていった。

　ともに生活する新たな存在ができたことで、居住空間についての理解が深まった。ヴァンで旅をすると、ジェンマはベッドの下の狭い収納スペースにどんどん潜り込んでいく。羽毛布団と枕が載ったマットレスの上より、そこで寝る方が好きなのだ。シンダーコーンでは、ケイシーは広い寝室のクイーンサイズのベッドではなく、狭いロフトかヴァンの中で眠る。彼女たちの選択には傾向がある。狭い空間は、大きな安らぎと心地よさを与えてくれるのだ。人間や哺乳類の進化の過程で、大きな家に家族単位で暮らすようになったのは、ここわずか200年余りのことだ。

　今、かつてないほど若い人たちが大きな家を手に入れられなくなっている。ミレニアル世代の持ち家に関する統計を見る限り、前途は暗い。僕らはアメリカ人として初めて、両親よりも裕福になれない世代になろうとしている。ギグエコノミーのもと、自営業やフリーランスで働く人が増え、住宅ローンを組める人はますます少なくなるだろう。僕らには、これまでとは違う生き方を模索することが求められるはずだ。だが、周囲の環境とのつながりを失ってしまった僕らにとって、それは難しいことでもある。今の僕らには、物作りをしたり、自分で自分の生活の面倒を見たりする力はない。僕らの食べ物は、何千マイルまではいかなくとも、何百マイルも離れた場所からやって来る。すぐに食べられる状態で、自宅の玄関先や地元の食料品店まで運ばれる。好むと好まざるとにかかわらず、僕らは個人レベルでは自分の健康を保てない。具合が悪くなれば、病院へ行かざるを得ない。車や家が壊れれば、お金を払ってプロに修理をしてもらう。人々がかつてないほど鬱々とし、無力さを感じるのも無理はない。

　自分の生活を自分で取り仕切る方法の中でも、自分の住みかを自ら手掛けるというのは、最も簡単で最も実現しやすいものの1つだ。この40年の間に、田舎から都会へ大量に人が移住し、都市部の不動産価格はかつてないほど高騰した。不動産検索サイトRent Jungleによると、例えばサンフランシスコの寝室1部屋のアパートの平均家賃は、2019年10月時点で3600ドルとなっている（http://www.rentjungle.com/average-rent-in-san-francisco-rent-trends）。

手取りの3分の1を住居費に充てるという一般的な考えに従うと、サンフランシスコで不自由なく暮らすには、年収10万ドルをはるかに上回る給与が必要になる。圧倒的多数の人たちにとって、アメリカの大都市——ロサンゼルスやニューヨーク、シアトル、ワシントンD.C.——は、ますます手の届かない存在となっている。ポートランドやアシュビルなど、魅力的な小都市に住む人たちも緊迫感を抱いている。一方、アメリカ全体で、田舎の賃料や不動産価格は低迷するか下落している。

　田舎の人口が減り、不動産価値が下がる中、インターネットの普及によって、リモートワークの機会はますます増えている。僕はこの本が、都会を離れ、田舎へ移り住み、土地を探すきっかけになることを願っている。小さなことから始めよう。ユルトを建て、コンテナを設置し、タイニーハウスのために土地をならそう。庭に植物を植えよう。週末に友人を呼ぼう。薪風呂を作ろう。友人や大切な人たちと一緒に建物を建て、思い出を作ろう。汗を流して働こう。

　この本に登場する建物は、すべて例外なく、通常の住宅金融の仕組みの外側で建てられたも

のであり、通常の住宅ローンでは買うことができない。ごく短期の場合もあれば、長期の場合もあるが、資金が許す限り、現金で建てられている。合計金額は、下は1万ドルから、上は数十万ドルまで。どの建物にも共通しているのは、僕やあなたのような人たちの粘り強い熱心な作業によって建てられたということだ。

　例外なく妥協はつきものだ。どの建物もすべて、僕らのほとんどが慣れ切っているライフスタイルに、ある種の妥協——地理的な妥協や大きさ的な妥協、快適さへの妥協——が求められる。だが、そうした妥協があるからこそ、よりお金のかからない暮らしをしたり、自分たちで物を作ったり、自然界をNetflixやInstagramで眺める以上のものとして体験したりする力が身に付いていく。この先のページのどこかで、あなたの心に種——友人や家族と共有できるわが家や隠れ家へと成長する種——を植える、そんな建築スタイルや建物に、あなたが出会えることを願っている。

INTRODUCTION

ロイド・カーンによる小さな建物入門──
指導者が語る展望

　もしもロイド・カーンや彼の著書が存在しなかったら、僕はこれまで歩んできたような道を歩むことも、今のような暮らしをすることもなかっただろう。ロイドの活動をよく知らない人へ説明すると、彼はビルダーであり、ライターであり、独立系出版社シェルターパブリケーション（shelterpub.com）のオーナーでもある。60年代以降、24冊以上の本を出版し、ジオデシックドームから、汚水処理システム、身体ストレッチまで、多岐にわたるテーマを扱ってきたが、最もよく知られているのは、世界中の原初的で美しい住居を掲載した『Shelter』や『Builders of the Pacific Coast』などの書籍だ。僕が子どもの頃、両親はいつも、家のあちこちにロイドの本を置いていた。本のページをめくるたびに、美しい建築物や大工仕事に心奪われたのを覚えている。住まいについて何かを決断するとき、僕はいつもインスピレーションを求めて、それらの本を読み返した。ツリーハウスを建てたときも、薪風呂を作ったときも、どんな車で暮らそうかと考えていたときでさえも、僕は彼の本に目を通した。本書の制作に取りかかったとき、僕が真っ先にしたことの1つは、ロイドにメールをして、本書に参加してもらえないかとたずねることだった。快諾を得た僕は、教えと修行を求めてダゴバ星系を旅するルーク・スカイウォーカーのように、カリフォルニア州ボリナスへと向かった。

──フォスター・ハンティントン

ロイド・カーンは著述家であり、出版者であり、ビルダーである。カリフォルニア州マリンカウンティで、1970年代に自らの手で建てた家で暮らしている。

私が家を建てるようになった60年代から70年代は、様々なアイデアに手を出す時間が豊富にあった。生活にお金がかからなかったからだ。土地が安かった。材料も安かった。どこかに小さな土地を買って建築に着手するための資金なら、簡単にかき集められた。だから私たちは、ありとあらゆるアプローチを試してみた。

　建築を始めたばかりの頃、私はジオデシックドームの熱心な支持者だった。ドームはカウンターカルチャーを象徴する建物で、当時はみんながドームに熱を上げていた。私は5年にわたってドームを建築し、関連書を2冊出版した。『Dome Book 2』を制作したときは、サンタバーバラ近郊の山中に建つリゾートホテルを1カ月借りた。植字用のIBMのコンポーザや撮影用のポラロイドなど、必要な機材をすべて抱えてみんなで出かけていった。おそらく6〜7人で、1カ月かけて本を作った。

　問題は、私がすでにドームに疑問を持ち始めていたことだった。プロジェクトの開始にあたってリゾートホテルまで車で向かう途中、いくつもの納屋を通り過ぎた。それを見ながら、私はこう考えていた。垂直の壁があり、その上に1枚の屋根が載っている。それだけだ。本当にシンプルだ。その一方で、私たちはといえば、三角形をいじくり回し、組み立て上げ、防水を施そうとしていた。そして、ドームの中はといえば、どこまで行っても角が続き、やがてはそれが悪夢のようにのしかかる。ベッド、冷蔵庫、タンス——家の中に当たり前のように置いてある物は、すべて垂直の線からできている。長方形をしている。そうした長方形をドームにぴったり収めようとすると、問題が起こる。ドームの中を細かく仕切ろうとしても、問題が起こる。ドームに後からスペースを追加しようとしても、問題が起こる。

　普通の家ならごく基本的で簡単な、例えば、間仕切りの設置といった作業をするとしよう。間仕切りの垂直なラインが壁や天井と接する部分は、そのラインをすべての角に合わせる必要がある。ドームを間仕切りする場合も同じで、垂直のラインをドームのすべての角に合わせなくてはならない。

　ドームにも長所はある。簡単に思い浮かべることができる。ドームの図面を見れば、誰もが「なるほど」と納得する。そして、組み立てるのが楽しい。スタジオや別棟などとして使われているのは今でも見かける。だが、住居としては使われていない。人気を博していないことが、何よりもそれを表している。

私がドームに見切りをつけたとき、一部から大変な怒りを買った。1970年頃、ロサンゼルスで大きな会議があった。バックミンスター・フラーやパオロ・ソレリなど、著名人も数多く参加していた。私はそこで講演を行った。私がドームを褒め称えることを、誰もが信じて疑わなかった。私はヨーロッパ旅行から帰ったばかりで、アイルランドの野原に建つ茅葺き屋根の小屋の写真からスライドを始めた。この小屋がどうやって建てられたかわかるだろうかと、私は問いかけた。小屋の壁や塀は、野原で採れた石でできていた。その場にある材料を使っているのだ。さらに、大麦を植え、収穫した茎で屋根材が作られていた。この小屋がこんなにも素晴らしく見えるのは、そこで採れた材料を使って建てられているからだ。私は続けて、ドームは正反対だと言った。どんな場所でも関係なく、同じ形状、同じ設計が用いられる。現地の材料には見向きもしない。太陽がどこから昇っても、風がどちらから吹いても、気にも留めない。1つの標準的な形があらゆる場所で使われる（私は激しい怒りを買った。そこで、一種の反論として『Shelter』を編纂することにした）。

　それ以降、私は想像できる限り、ほぼすべてのオルタナティブ建築の技術をこの目で見て、自分でも試してきた。だが皮肉なことに、もしも今、私が自分で家を建てるなら、昔ながらの一般的な長方形の間柱構造の家を建てるだろう。幻覚体験のような家──フラクタルや、オウムガイの殻や、弧を描く曲線から着想を得た空間──を建て、人々が生活する空間の様式を根本から作り変えるというのは、私のやりたいことではない。今ではもう、そうしたことに魅力を感じない。私は家を建て、そこに住み、自分の人生を日々歩んでいきたい。

　それが建物についての私の考えだ──暮らすための場所を、素早く実用的に手に入れること。居心地をよくするには、心地よい材料を選ぶことが大切だ。私はドームでそれを実践した。科学的な装置のようにするのではなく、ドームの室内を居心地よくしようと努めた。例えばラグを敷くなどといったことだ。カリフォルニアの自分の所有地に建てたドームは、私が今まで建てた中で最も美しいドームだと思う。内装には古材を使い、パネルはシルバーにした。外装にはこけら板を使った。伝統的な手作りの家ならばごく普通に行われることを、ドームでも試してみようとした。

　家作りについてアドバイスを求められた場合、私はその土地を実際に感じるようにと伝えている。ある土地に家を建てる予定なら、その場所で土地を買い、トレーラーや小屋を置いて、1年間住んでみる。太陽が空をどのように動くのか、風がどちらから吹くのかを、よく観察してほしい。しばらく経った頃には、たいていの建築家よりずっと、その土地にふさわしい家が設計できるようになるはずだ。

建築について言うならば、私の場合は建物の中心となる場所、つまり、その家に必要なものがすべて収まった、ほどよい広さの場所から作り始める。そこに温水用のコイルが付いた薪ストーブを置く。屋根にはソーラーパネルを設置する。薪ストーブを置いた中心エリアに、キッチンと浴室を隣接させれば、配管と温水をすべて1カ所にまとめられる。それから、中心エリアの外側に部屋を数室作って、生活するのに十分な空間を設ける。間柱構造のメリットは、スペースが欲しくなったら、後から追加できることだ。例えば家族が増えたり、スタジオが必要になったりしたら、後から付け足せばいい。そうした家は、時間とともに有機的に成長させられる。

　60年代に理想とされたのは、田舎に10エーカー（約4ヘクタール）の土地を見つけて、太陽光発電の家を建てることだった。もちろん、今ではそれは大変難しくなっている。私が暮らすカリフォルニア沿岸部では、法律の改正によって、それはまったくできなくなった。70年代に私がここに家を建てたときには、200ドルで建築許可を取得すれば、自分が自分の家の建築家にも、エンジニアにもなれて、図面もすべて自分で引くことができた。今では、そうしたプロジェクトを始めるだけで、5万ドルはかかる。

統一建築基準法は、建物を安全にするためのものだから、あまり問題だとは思っていない。安全に暮らすための建築ができているかどうか、確認をしてくれる検査官がいるのはいいことだ。だが、例えばマリンカウンティ辺りでは、ばかげたことになっている。お役所的になりすぎている。許可や検査はすべて費用がかかりすぎる。だが、都心部から遠く離れれば、私がここで述べたような方法で、今でも建物が建てられる。人気のある大都市からは、1～2時間離れる必要があるだろう。だが、遠く離れてしまえば——つまり、田舎の土地であればたいてい——自分の手で自分に見合った家を建てられるはずだ。

　方法は他にもある。必ずしも人里離れた場所で暮らす必要はない。町や都市にある小さな寂れた家を見つけて、購入して修理すればよい。基礎がしっかりしているかどうかを確認する必要はあるが、自ら進んで作業できるなら、それ以外の部分はお金をかけずに済ませられる。自分たちで家を建てる費用のない2組の夫婦が、共同で中古の大きな家を買って、2世帯住宅にした例を知っている。その方法は実に上手くいった。法律はきっちり守りながら、費用は自分たちだけで家を買う場合の半分に抑えたのだ。

　私は、すべての人が自分の手で一から建てた田舎のオフグリッドハウスに住むことが重要だとは思っていない。自分たちが暮らす空間を作り出したり、手入れしたりすることに、何らかの形で関われるよう、人々に力を貸すことが、私にとっては重要なのだ。一から建築するにしても、友人と家を購入して分割するにしても、ただ単に修理するだけであっても、自分の手で自分の住みかをしつらえる——大切なのは、それに尽きるのだ。

　大都市に住んでいたとしても、できることは必ずある。古い工場だった場所を住めるようにするのもいい。そんなお金はないかもしれない。マンハッタンのど真ん中にあるアパートで暮らしていて、何もかもが手の届かない夢のように思えるかもしれない。それでも、プランターを作って、非常階段でパセリを育てることはできる。

　現実的には、自給自足は叶えられない。それは理想のようなものだ。指針となるものだ。「よし、100％自給自足をするぞ」と考えてしまうと、そうしたライフスタイルへと足を踏み出すことはできない。それが実現することはない。自給自足をしたい、完璧を目指したいと思っても、すべてを叶えることはできないから、こだわりすぎないでいてほしい。

　計画を立てたり、すべてを完璧にしたり、問題なくやることばかりに気を取られると、実行に移せなくなってしまう。とにかく始めてみてほしい——どこでもいいから、どこかで。今日からでも、自立や自活、自給自足に向けて自分の手でできることはある。いったん行動を起こしてみれば、自分がどこまでできるのか、自然と見えてくる。

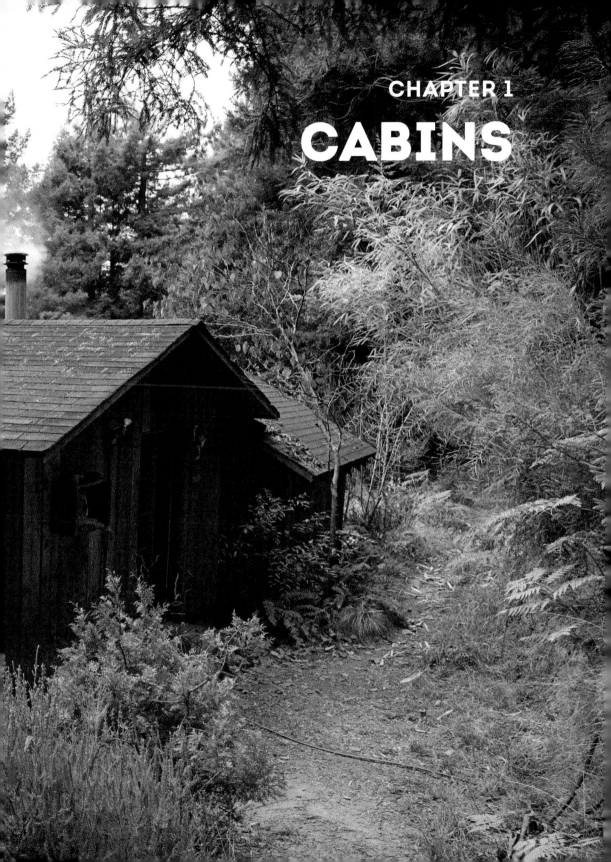

CHAPTER 1

CABINS

Rebirth of an Old Commune with Artist Fritz Haeg

往年のコミューンを再生：
フリッツ・ヘイグ

フリッツ・ヘイグは、カリフォルニア州メンドシーノカウンティで暮らす
芸術家でビルダーだ。

　僕の芸術家としての人生は、章立てで進んでいる。長い間ロサンゼルスで暮らし、コミュニティプロジェクトや地元のアートシーンに深く携わった。2005年頃、旅に出たいという衝動に駆られた。それから10年間、世界中の様々な都市を巡り、依頼を受けて作品を制作した。けれど、元々いつかは田舎に住んで、もっと地に足をつけた生活がしたいと思っていた。

　2006年には、友人と共同で「Plan B」というプロジェクトを手掛けた。世界中のインテンショナル・コミュニティ（意図的に作られた共同体）について膨大な調査を行い、大陸ごとに1つ、全部で5つのファイルに資料をまとめた。その資料を使い、マサチューセッツ現代美術館（MASS MoCA）で、失敗に終わったユートピアのプロジェクトについて探究するインスタレーションを制作した。つまり、僕はそのくらい早い時点から、共同体での暮らしというものに深く興味を抱き、たくさんの時間をかけて思いを巡らせてきた。だが、そのときはまだ、僕の人生にそれを実践するだけのゆとりはなかった。いろいろなことが起きていく中で、心に芽生えたアイデアの1つに過ぎなかった。

それからはずっと、その夢を温めながら過ごしてきた。残りの人生は田舎に定住し、文字通りにも比喩的にも、根を下ろすことのできる場所で、生涯をかけて育てていける樹木などを植えて、大地とつながっていたい——そんな具体的な考えを持っていた。残りの人生をかけた次のプロジェクトのために、すべての労力や時間を注ぎ込めるだけの、完璧な土地が必要だった。僕が求めていたのは、未開の土地ではなかった。過去の建築物が残っているような、農地付きの家屋や古い農場などを探していた。そして、もっとすごいものが見つかった。

　サーモン・クリーク・ファームは、ソノマ州立大学教授のロバート・グリーンウェイと彼のパートナーであるリヴァーによって1971年に設立された。彼らは7人の子どもを持つ混合家族で、そのうち6人は男の子だった。子どもたちには、サーモン、ハックルベリー、ホーク、レインボーなど、驚くような共同体用の名前が付けられていた。グリーンウェイの当初の計画

は学校を開くというものだったが、当時カリフォルニアではあちこちに共同体が作られていて、それらとよく似たインテンショナル・コミュニティを設立する方向へ考えが発展した。集団としてのまとまりを保つため、非常に秩序立った仕組みができていた。全員が土地の一部を所有し、コミュニティ内の問題に対する投票権を持っていた。集団内での労働や家事がきちんと分配されていた。憲章を定め、自分たちが作り上げる社会について、明確なビジョンを持っていた。さらに、カウンターカルチャーとも深い関わりがあった。ペヨーテの儀式や、夏至や冬至の儀式を執り行った。自分たちで食べ物を育てた。現地で集めた廃材を使い、自分たちの手でキャビンを建てた。

　時と共に人々は去り、コミュニティも消滅した。2015年に僕がここを購入したときには、13名の所有者が世界中に散らばっていた。そのため、連絡を取るのは少し大変だったけれど、この土地の未来へ向けたビジョンを説明すると、市場価値よりも安い値段で売却することに全員が同意してくれた。

僕が思い描くサーモン・クリーク・ファームのビジョンは多岐にわたっていて、僕がよいと信じるアートや教育、コミュニティの様々な側面を取り入れている。かつてあった共同体をよみがえらせることに興味はなかったが、コミュニティを築くにあたって、どんな時代においても普遍的だと思える原則に従った。それは、臨機応変な問題対応、単純素朴、自主性、土地への敬意だ。

　大地に根差した生活ができずにいる人がたくさんいる理由の1つは、何もかも——建築や農業などすべて——を完璧にしなくてはならないと考えてしまうせいだと思う。だが、そんなふうに考える必要はない。サーモン・クリーク・ファームが大きな刺激となるのは、すべての建物が20代の若者の手で廃材を使って建てられているからだ。彼らが建てたキャビンの中で時間を過ごしていると、「自分にもできる」と思えて、力が湧いてくる。

　こうした生活を送るには犠牲も必要だが、その分、自分の生活を成り立たせるための様々な作業に深く携わっているという感覚を味わえる。ここへ来た人には、冬のじめじめした寒さを体験してほしい。僕にとって、それはとても大切な感覚だ。そうした寒さは、この場所の風景の一部になっている。ここでは、建物へ入ってボタンを押せば暖くなるという仕組みはない。暖を取るには、自分自身で木と向き合わなければならない——木を伐採し、のこぎりで切り、斧で割り、乾燥させて、火をつける。そうした作業のすべてに携わるのだ。

　世界中の若者たちから手紙をもらったり訪問を受けたりするが、そうした若い世代の間では、経済や教育、借金といった、重圧となる構造的な仕組みから抜け出し、再び大地とつながりたいと望む声が明らかに高まっている。そうした動きがどこへ向かうのか、僕にはわからない。70年代初めに起こったような動きが再び起こり得るのか、それが望まれているのかさえ見当もつかない。けれど、僕らが人生をかけて学び続けるべきだということはわかる。僕らは絶えず成長し、変化し、新たな技術や手仕事、大工仕事を身に付ける方法を見つけていく必要がある。空の容器である子どもたちが、学校へ行ってあらゆる知識を詰め込まれ、その容器の中で一生を送るという考え方は、僕にはおかしいとしか思えない。僕は芸術家として、常に柔軟に新たなものへと向かって生きている。最初は建築家だったが、あるときから庭づくりにとりつかれ、それからは何年にもわたって庭づくりを中心とした作品ばかり制作している。僕は新しいことに対して、自分が素人でいる感覚が好きだ。19歳の頃に戻ったように、未経験だった仕事を覚えていく感覚が好きだ。そうした感覚を求めている人はたくさんいると思う。現代的な生活は頭ばかりを使うが、サーモン・クリーク・ファームのような場所に立ち返ることは、自分の人生や真の可能性ともう一度つながる方法なのだ。

CABINS ARCHIVE

Roman Schnobrich | *The Encampment* | Billings, Montana

Trevor Gordon | Truckee, California

Ben Hayes | *Hyla Huts* | Timber, Oregon

Dan Huntington | Columbia River Gorge , Washington

Jeff Waldman | California coast

Alana Paterson | *Lost Chainsaw* | Gabriola Island, British Columbia, Canada

Michael Basich | Donner Summit, California

Sacha Roy | Canada

Vince Dickson | Hudson, New York

Samuel Glazebrook | *The Cabin* | Elbow Lake, Montana

William Winters | *I'm Going to the Dam* | Washougal, Washington

Michael Murphy | *The Temple* | Grapeview, Washington

Shea Pollard | *Betty's Tiny Home* | Haida Gwaii, British Columbia, Canada

Scott Cushman | Underwood, Washington

Amy O'Hoyt | *The Cabin* | Elbow Lake, Montana

Jay Nelson | Hawaii

Michael Basich | Donner Summit, California

Adam Ram | Silent Lake, Poland

Off Grid in the Pacific Northwest with Tree Climber Ryan Cafferky

ESSAY PHOTOS BY FOSTER HUNTINGTON

太平洋岸北西部でオフグリッド： ライアン・カファーキー

ライアン・カファーキーは、オレゴン州フッドリバーカウンティで暮らす ツリークライマーでアーボリスト（樹護士）だ。

　僕は2009年にフッドリバーカウンティにやってきた。引っ越してきたときには、キャビン はかなり荒れていた。12×24フィートのワンルームで、ひどく簡素で、東側にポーチが付い ていた。真っ先に取りかかったのは、キッチンの全面改修だった。とにかくひどい状態だった。 それから、断熱材が入っていないうえに、ネズミやオオアリの巣でいっぱいだったため、すべ ての場所の壁板をはがした。数年前には、8×12フィートの部屋を2つ、東側と西側に増築 した。

　熱関連の機器は、プロパンのガス台と薪ストーブしか持っていなかった。温水設備も太陽光 発電もなかった。照明には、ヘッドランプや石油ランプ、ロウソクを使っていた。何年もそん な状態だった。2015年に太陽光発電を設置した。引っ越した友人から購入した設備で、数枚 のソーラーパネルに、チャージコントローラーと、6Vバッテリー4つと、インバーターが接 続してあるだけだった。最初のバッテリーはディープサイクルで、いわゆるゴルフカートバッ テリーと呼ばれるものだった。その次に選んだのは、AGM（アブソーベントグラスマット） バッテリーで、ポートランドで携帯電話の基地局から回収されたものを購入した。

今はもっと規模の大きなソーラーシステムを使っている。240Wのパネルを4枚庭に置き、屋内のチャージコントローラーを通った電気は、すべて24V100Ahのリチウムイオンバッテリーに充電される。素晴らしいテクノロジーだ。

オフグリッドに暮らすコツの1つは、電力を使うタイミングを心得ることだ。夜の9時半に大量の洗濯や掃除をするのはおすすめできない。それは朝の9時半にやるべき作業なのだ。いつ電力を使うかに気を配り、「今どれだけ電力があるか、今はこれをするのにいいタイミングか」と、常に自問自答する必要がある。ここで暮らすようになってひどく大変だと思ったことの1つはそれだった。

水は2マイル離れた場所から、湧き水を汲んでくる。すべての配管を維持管理するのは大変な仕事だ。常にどこかが破損したり水漏れしたりしていて、僕はいつも修理をしている。水道屋になった気分だ。

温水は、薪ストーブに合うコイルを特注で製作するHilkoilという会社が作った、完全なパッシブシステムを使っている。基本的な構造は、水タンクからつながった金属製のパイプが薪ストーブの内部につづら折りに設置され、また同じタンクにつながっていくというもの。火を燃やすと、熱によってタンクの底から冷たい水がストーブ内のパイプに引き込まれ、温まって上昇し、お湯となってタンクに戻っていく。ものすごくシンプルな仕組みだ。ポンプによる吸水も電気も必要ない。家の中でも特に気に入っている部分だ。冬はストーブをつける時間が長いから、火が消えた後でも、サーマルマス（蓄熱体）となった水がキャビンを最長24時間暖めてくれる。

生鮮食品の保存には、普通の上開き冷凍庫に特別な温度コントローラーを後付けして使っている。壁にプラグを差し込むと、庫内に設置された温度計が温度を測る。上限とする温度とスイッチの切れる温度は自由に設定できる。僕は、庫内が華氏39度（摂氏約3.8度）になったらスイッチが入り、温度差は5度になるよう設定している。つまり華氏34度（摂氏約1.1度）になるまで冷凍庫が作動したらスイッチが切れることになる。こうすれば食品は凍らない。

僕は昔から、建物がいくつにも分かれているのが好きだった。最初はキャビンが狭かったので、後から寝室用にツリーハウスを建てて、キャビンは居住空間専用に使おうと考えた。今では部屋を増築したから、寝室を再びキャビンに移して、ツリーハウスはゲストハウスとして使っている。今年になってコンテナを入手し、家を片付けられるようになって、状況が一変した。家に置く物をもっと減らして、道具類はすべてコンテナに移動したいと思っている。そんなふうに建物を増やし、スペースを増やしながら、時間とともにあらゆる部分を進化させてきた。

オフグリッドに暮らすために必要となる細かな知恵をどうやって身に付けたのかと聞かれることがある。必要なのは、何でも器用にこなすことと、自主性を持つこと。それに、僕だって初めから今のようにできたわけではない。単に少し経験を積んできただけだ。時には本を参考にすることもあるけれど、たいていの場合、実験が何よりも頼りになる。個人売買のサイトであるクレイグスリストを眺めながら、例えば冷房関係などで、気になるものを見つけては、「うーん、これは何かに使えないかな」と考えてみる。大切なのは、創造的に考えること、そして、進んで実験をすることだ。

CHAPTER 2

YURTS, TENTS, AND HUTS

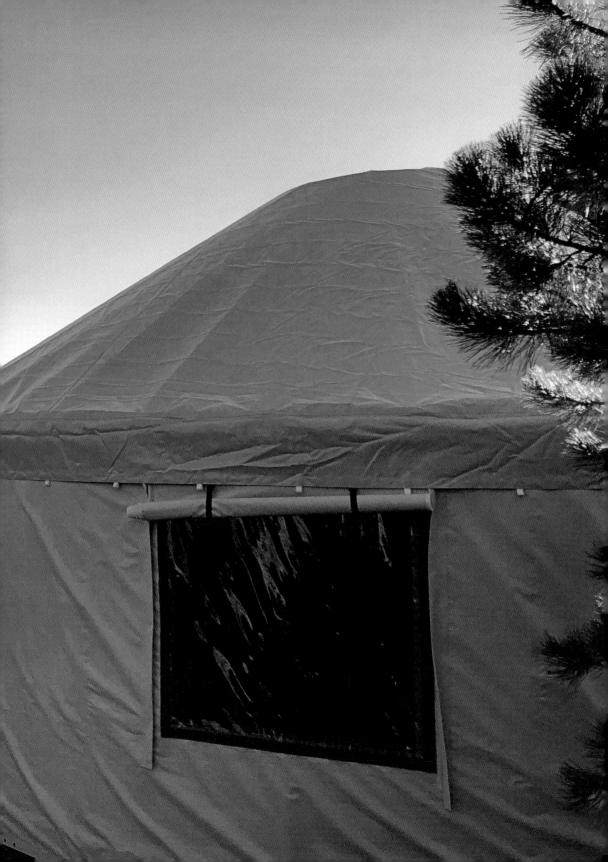

Living Off Grid at Nine Thousand Feet in a Yurt in the Rocky Mountains with Steven and Hanna Nereo

ロッキー山脈の標高9000フィートに建つ ユルトでのオフグリッドライフ： スティーブン＆ハンナ・ネレオ

スティーブン＆ハンナ・ネレオは、コロラド州サンミゲルカウンティで 暮らしている。2人とも写真家だ。

　僕らは3年半前、ロサンゼルスからコロラド州へ引っ越した。僕らの所有地は標高9100フィートの場所にある。元々はキャビンか家を建てるつもりで購入した。最初の夏はヴァンを置いて暮らし、この土地の雰囲気をつかんだ。家を建てるということは、建築家や施工業者、図面や許可証を相手にすることだと気付いた。ユルトなら、それらはすべて不要だ。すぐにでも取りかかることができるものだった。

　ユルトについてさらに詳しく調べると、主に2社が製作していることがわかった。パシフィック・ユルトという会社は太平洋岸北西部を拠点としていたが、もう1社のコロラド・ユルト・カンパニーは僕らの所有地から1時間もかからない場所にあった。それが運命のように感じられた。また、この辺りにはユルトに住んでいる人が大勢いるから、コロラドの気候によく馴染むこともわかったし、詳しい知識やよい知恵を授けてもらえるだろうと思えた。

　さらに、もう１つユルトのいいところは、自分たちの建てているものが、隅々まで理解できるところだ。デザインは画一的で、手順や材料も決まりきっている。キャビンであれば、どんな材料でも使えるし、どんな形にもできる。ただ、都会から出てきたばかりで、初めての建築プロジェクトに取り組む僕らにとっては、荷が重いものとなっていただろう。

　建築する場所を決めると、プロに頼んですぐにデッキを作ってもらい、ユルトは自分たちで組み立てた。床を張り終えると、残りは２日で建てられたので、雨に煩わされることもなかった。手元にあったのは、マニュアルと工具と材料だけだった。右も左もわからないまま作業した。本当に大変だと――不可能だとさえ――思ったときもあったし、完全に混乱して、半狂乱になったこともある。それでも最後にはやり遂げた。すぐには信じられなかったけれど、しばらくして、ものすごい達成感がやってきた。

　僕らのユルトは完全なオフグリッドだ。コンポストトイレと、110Vのソーラーシステムを備えている。暖房には薪を使うが、ユルトは冬でも暖かくて驚いている。ほとんどの窓は南向きだから、日当たりもとてもいい。

自分が暮らす建物の建築に自分も携わると、そのプロジェクトにも、完成した建物にも、より一層親しみがわく。そもそもなぜ都会を離れた場所にいるのかという理由を思い出せる。日々の生活の機能的な側面に触れ、自分でも実際に物を作ったり、修理したりできることがわかり、その過程に楽しさを見出す。さらに、物を無駄にしないようにもなる。修理すれば使える物をすぐに取り替えてしまう人や、間違いなく自分でどうにかできる問題でも、お金を払って他人に解決してもらうという人はあまりに多い。

　都会から田舎へ引っ越すと、都会にあった便利さを無意識に再現しようとしてしまうが、そのほとんどが実際にはいらないものだ。のんびり構えて、本当に必要なものを見極めよう。

　内装については、イケアで大量の家具を買ってきてユルトの中へ詰め込むのは、まったくもっておすすめしない。ユルトを建てる人の多くは、中を仕切る必要があると感じて、郊外型の住宅のようにいくつかの部屋を作ってしまう。だが、仕切らないでおいた方が、ユルトの構造

がより味わえる。例えば「ここがダイニング、ここがキッチン、ここが寝室」というように、一般的な間取りを取り入れようとしてしまうと、ユルトの開放感は一気に減ってしまう。そのため、精神的な観点からすると、開放型の構造には手を加えないのが一番だ。はるか昔から受け継がれてきた構造なのだから。僕らのユルトの屋内面積は435平方フィート（約40平方メートル）だが、広々とした空間はとても開放的で、使いきれないほどのスペースがある。

　3年前にロサンゼルスを離れたとき、まわりの反応は素っ気なかった。今ではそれが変わり始めている。友人たちが電話をかけてきて、「それで、どこへ引っ越したんだっけ？　上手くいっているの？」とたずねてくる。また、自由の感覚が以前より大きくなっている。どこにいても、インターネットでつながることができる。都市社会から遠く離れたこの場所でも、僕らはごく普通に活動できる。テクノロジーの力によって、僕らと同じような変化を遂げる人がますます増えていくことを願っている。

最初はものすごい変化だった。わが家の愛犬がヘラジカの角で突かれたなど、これまでの人生で一度も心配したことがないことをたくさん心配しなければならなかった。それでも、渋滞や公共料金の支払い、毎日の激務に悩む必要はない。簡単にはいかないが、こうした生活には、もっと人間的で健全なものがある。都会の中心から離れて活動し、新しい挑戦と出会い、新たなスキルを身に付けられるのは、かけがえのないことだ。

　都会を離れ、初めてここへやって来たとき、誰よりも早くここに馴染んだのは、僕らの愛犬だった。わずか1日ですっかり変わった。『野性の呼び声』（ジャック・ロンドン著）のようだった。今では自由に駆け回り、月に向かって吠えるオオカミと化している。僕らも同じく、その方向へと向かっている。

YURTS, TENTS, AND HUTS ARCHIVE

Sora Blu | *Loomis Bell* | Loomis Lake, Washington

Alexia Springer | *Eagle Eye* | Ely, Minnesota

Michael Becker | *The Diamond Ridge Yurt* | Homer, Alaska

Ethan Suitter | *Bullfrog Basin Yurts* | Idaho Panhandle National Forest

Belinda Liu | Northern California

Ansel Ogle | Dean, Arkansas

Ann-Tyler and Brian Konradi | *Yurtopia Wimberley* | Wimberley, Texas

Michael Becker | *The Diamond Ridge Yurt* | Homer, Alaska

Ansel Ogle | Dean, Arkansas

Sora Blu | *Mounika* | Ocean Park, Washington

Matthew Furmanski | Ventura, California

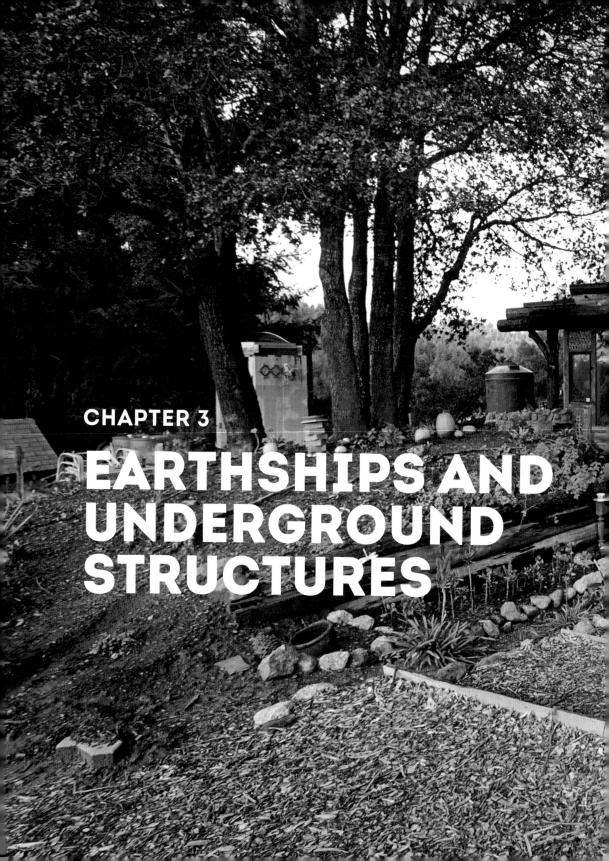

CHAPTER 3

EARTHSHIPS AND UNDERGROUND STRUCTURES

Building and Living in an Earthship in the Santa Cruz Mountains with Builder Taylor Bode

サンタクルーズ山脈でアースシップを作り暮らす：テイラー・ボード

テイラー・ボードは、カリフォルニア州サンタクルーズカウンティで暮らすビルダーでアーティストだ。

　僕と妻のステフが初めてアースシップを知ったのは、台湾に住んでいるときのことだった。僕らは20代前半で、海外で英語を教えながらお金をかけずに世界を見て回り、そして『Garbage Warrior』というドキュメンタリーと出会った。アースシップの設計と、それにまつわるすべての理念を生み出したマイケル・レイノルズを描いた作品だった。僕らはそれまで、オルタナティブ建築について何も知らなかった。アースシップの背景にある考え——太陽エネルギーをそのまま活用した暖房、土に埋もれたような設計、廃材を使った建築方法——に、ものすごく感動した。

　僕らはすっかりのめり込んだ。1年も経たないうちに、ニューメキシコ州のタオスに引っ越してアースシップアカデミーに参加し、そのうちアメリカ中を旅しながら、クルーたちの建築を手伝うようになった。しばらくすると、僕ら自身のアースシップを建てられるだけの経験が積めたと思えたため、西海岸を旅して、自分たちが暮らす土地を探して購入しようということになった。サンディエゴを出発して車で北へ向かい、ここだと思える場所を探し回った。そして、サンタクルーズで見つけた。

今思えば、僕らがサンタクルーズで不動産を探すなど、無理な話だった。僕らにはお金がなかった。けれど最終的に、お金は必要なかった。友人が広い土地のオーナーを紹介してくれた。そこでキャンプをしながら、仕事を探して、お金を貯める計画だった。だが、オーナーと話をしていくうち、僕らの夢について説明すると、その土地に無料で建築させてもらえることになった。

　プロジェクトの開始当初から、全体としてのテーマは、できる限り費用を抑えることと、僕らに与えられるものを確かめることだった。何もかもが上手くいった。クレイグスリストに薪ストーブを譲って欲しいと広告を出すと、無料で届けてくれる人がいた。労働力を提供してくれる人や、材料を譲ってくれる人もいた。

　子どもはいつでもツリーハウスや洞窟にいたがるものだ。大空や大地での生活には、原初的な魅力がある。人類の歴史にも先例はある。ニューメキシコ州のチャコ・キャニオンや、アリゾナ州のモンテズマ・キャッスルを思い浮かべてほしい。広大な平原をはるかに見渡し、略奪者がやって来るのを確認できる場所であると同時に、大地の安らぎや力強さを感じられる場所でもある。

　アースシップのように地中で暮らしていると、文字通り、地球の中に入っているような感覚を覚える。体感するのだ。中へ入ると温度が違う。毎朝目覚めると、ずらりと並んだ南向きの窓から太陽が見える。1年を通して、毎日光の方向と角度が変わるのがわかる。そうした小さな変化を観察していると、地球は宇宙を漂う大きな球体であるという実感が、ひしひしとわいてくる。都会の混沌の中では決して気付かなかったささやかな事象を感じ取れるようになる。僕と妻はいつの間にか、暗くなると同時にベッドに入るようになった。冬は長く眠る。朝日が早く昇るようになると、早い時間に目を覚ます。自分たちの生活のペースを、刻々と変化する季節や、洞窟のようなわが家の入り口から降り注ぐ太陽の光に合わせるようになった。

　アースシップを建てるにあたってのアドバイスを求められた場合、まず伝えるのは、建てたい場所の気候をよく調べることだ。アースシップに適した場所はたくさんある。立地がよければ、エネルギー的にかなり自律した生活を送ることができる。だが、気候が合わないと、数多くのメリットがマイナス要因になってしまう。

　グアテマラでアースシップを建てたいという男性がいた。相談に乗り、その場所の気候について確認したところ、1時間もせずに、その男性が検討している土地はアースシップに向いていないことがわかった。代わりに竹の話をしてみると、その方がずっと理にかなっているとすぐにわかった。結局のところ、一番の改善策が一番の解決策なのだと覚えておくことが大切だ。

建築においては、あらかじめ決めた1つのアイデアからスタートして、他の部分はすべてそれに合わせていくというやり方は避けた方がいい。基準とすべきなのは、その土地なのだ。

　そして、もう1つ伝えているのは、アースシップの建築が大仕事だということ。とてつもない労働力が必要となる建築方法なのだ。たくさんの人手を必要とするため、時々手伝ってくれる友人が見つかれば、かなり助かることになる。そうでない場合には、何カ月もひたすら過酷な重労働を続けることになる。思いとどまらせようとして言っているわけではない。僕にとって、その作業はとてもやりがいがあるものだった。しかも最終的には、そうした大変な労働がすべてを可能にする。廃材を使い、すべて手作業で建築を行ったことにより、僕らはわずか1万ドルで、アースシップに住む夢を叶えることができた。

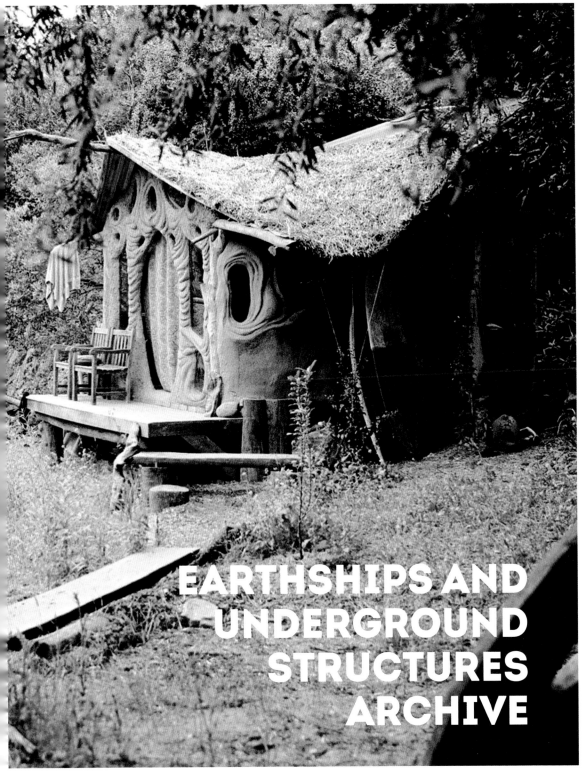

EARTHSHIPS AND UNDERGROUND STRUCTURES ARCHIVE

Cyrus Sutton | Ojai, California

Amy and Tom Jones | *The Burrow at Dolassey Farm* | Powys, Wales, United Kingdom

Jon Giffin | *Forest Gully Farms* | Fly, Tennessee

Jon Giffin | *Homey Dome* | Taos, New Mexico

Jon Giffin | *Phoenix Earthship* | Tres Piedras, New Mexico

CHAPTER 4

SHIPPING CONTAINERS

Chris Graham's Off Grid Shipping Container Getaway in Upstate New York

アップステート・ニューヨークのオフグリッドなコンテナの隠れ家： クリス・グラハム

クリス・グラハムは、ニューヨーク州ブルックリンで暮らす音楽プロデューサーだ。

　僕はもうずっとニューヨークに住んでいる。旅をしたり他の場所で暮らしたりもしたけれど、結局は戻ってきてしまう。僕はこの街が大好きだが、ひどく圧倒されるストレスの多い場所でもある。そこで、あるときからこう考えるようになった。「よし、ここで暮らしていくとして、どうやってここから脱出しよう？」

　ニューヨークへ引っ越してきたとき、車は手放した。清々しい気分だった。だがそれは、電車が走る範囲でしか街から気軽に出られないということでもあった。妻と出会ったとき、彼女は車を持っていた。ニューヨークへ引っ越してきた妻が車を維持することにしたので、僕らは少し遠出ができるようになった。そのおかげで、市外に居場所を持つ方向へと可能性が大きく広がり、土地の購入を考えるようになった。

　アディロンダック山地やキャッツキル山地など、ニューヨーク市のそばには美しい田舎がたくさんある。僕らの所有地は、ニューヨーク市から100マイルほど離れたキャッツキル・パークの南東にあるリビングストン・マナーにあって、ウィローモックと呼ばれる小さな村もほど近い。その土地を買ったのは2年前だ。いつもその辺りでバックパッキングをしたり、キャンプをしたりして、それがすごく楽しかったから、最終的には「よし、ここなら購入資金もどうにかなる、ここに決めよう」と決断した。

土地の購入を決めたばかりのときは、様々な疑問が浮かんだ。どうやってここまで来ようか。毎週末来ることになるだろうか。来られるのは夏だけだろうか。キャッツキルで仕事はできるだろうか。自分たちで何か建てられるだろうか。

　最初から、何か特別なものが欲しいと思っていた。購入時、この土地には基本的に何もなかった。壊れた古いトラックと置き去りにされたトレーラーがあったので、それは撤去してもらった。だから、何もない状態から考え始めた。当初は、グランピングのようなものを思い描いていた。キャンバス地のテントやティピー、マイクロキャビンなどを検討していた。快適に過ごせる場所にしたかったが、別荘やコテージのような利便性や贅沢さは必要なかった。太陽光発電やコンポストトイレを取り入れた、オフグリッドなものにしたかった。控え目で、メンテナンスが楽で、コストのかからないものが欲しかった。僕ら2人にとって、環境への影響を最小限に抑えることはとても重要だった。

　ある日、購入した土地を訪れるため、数日間泊まる場所を探そうとAirbnbのサイトを見ていたところ、あるコンテナハウスに目が留まった。非常にシンプルなデザインで、1本のコンテナからできていた。初めて見るものだった。僕が写真で見たことのあるコンテナハウスは、どれも奇抜な——コンテナがいくつも積み重ねられた、いかにも高級そうで、ほとんどアート作品のような——ものばかりだった。Airbnbで見つけたようなコンテナハウスは、見たことがなかった。8×20フィートのコンテナで、大きな引き戸が2つ付いていた。僕はそのシンプルさにすぐさま魅了され、どんなものかを確かめるために、そこに泊まってみようと考えた。

　その場所に到着し、中に足を踏み入れた途端、僕はこう思った。これはいい。僕が求めていたのはこれだ。そこで、オーナーに連絡を取り、施工者を尋ねた。すると、施工したのはマイケルという男性で、ブルックリンのレッドフックに住んでいると教えてくれた。僕と妻の住む家から、1マイルほどの場所だった。

　マイケルに会って質問することにしたが、それまでの間に、コンテナハウスについてもう少し調べてみた。もっと詳しく理解して、自分たちでも建てられるものかどうかを確認したかった。するとすぐに、コンテナを住めるようにするには、たくさんの作業が必要なのだとわかった。そもそも、大量の金属加工が必要だ。僕にはスチールの切断や溶接などはできないから、最終的にこの件を進めていくことにしたら、プロに頼むしかないだろうと思った。マイケルと会って話をすると、彼はこれまでに手掛けた施工例をいくつか見せてくれた。ブルックリンにある彼のオフィスは、すべてコンテナでできていた。彼はとても柔軟性があり、僕らが設計に関わることも快諾してくれたので、彼に依頼することにした。

コンテナというアイデアの素晴らしい点の1つは、すぐにできあがるところだ。土地を購入したら、できるだけ早く、できるだけたくさんの時間をそこで過ごしたかったので、手早く建てられることは僕にとって重要だった。そして、本当にあっという間だった。始めから終わりまで、すべての工程が数カ月で完了した。11月に土地を契約し、1月にマイケルが建築を始め、夏には完成して、そこで過ごせるようになっていた。

　このコンテナは完全なオフグリッドだ。室内には、電池式の照明が数個と、ちょうどいい明るさの充電式のLEDライトが2個ある。ソーラーシステムもあるが、電力はそれほど必要ないことがわかった。まったくというほど使っていない。暖房には薪ストーブを使う。料理には、小さなプロパンボンベをつないだキャンプ用のコンロを使っている。皿洗い用のシンクはあるが、配管は一切引いていない。近くに湧き水があるので、いつもそこまで歩いて行って、大きな容器いっぱいに水を汲んでくる。

全体としての作りはとてもシンプルで、まさに意図した通りだった。すべての機能を備えた家が欲しいわけではなかった。キャンプとあまり変わらないものが欲しかった。そもそも僕らが土地を買ったのは、もっと外に――自然の中に、都会から離れた場所に――いるためだった。この6エーカーの土地は、フライフィッシングで有名なウィローモック川にほど近い。この辺りでは様々なことをして楽しめる。僕らは自分たちの意思を尊重したかったし、結局は家の中にいたくなるような贅沢な別荘を建てるために大金を使いたくはなかった。

　まったく予想しなかったことの1つは、ウィローモックで交友がとても広がっていることだ。たくさんの若い人たち――たくさんのアーティストやミュージシャンも数名――が、ニューヨークから北へ移住している。彼らがこの辺りの小さな町へやって来るのは、安価でありながら、必要なときには市内へもアクセスできるからだ。フリーランスの仕事をしている人にとっては、本当に素晴らしい選択肢となる。この場所へ戻って来る人の数に驚かされている。

SHIPPING CONTAINERS ARCHIVE

Jon Wood | *The Hobbit House* | Rolling Hills Estates, California

Casey Tane | White Salmon, Washington

Jon Wood | *The Hobbit House* | Rolling Hills Estates, California

Mike O'Toole and Tim Gilman-Sevcik | *Contanium Cabins* | Hudson Valley, New York

Rob Cox | *The Hedge House* | Dorset, United Kingdom

CHAPTER 5

TREEHOUSES

A Treehouse Colony in the Mountains of Washington

ワシントン州の山奥に建つツリーハウスたち：
フォスター・ハンティントン

フォスター・ハンティントンは、ワシントン州スカマニアカウンティで暮らす
写真家で映像作家だ。

　僕は「なぜツリーハウス？」という質問に、何百回と答えてきた。そう聞かれるたびに、僕の困惑は深まる。聞くまでもないことだと思っているからだ。聞く必要があるのなら、とうてい理解できないだろう。僕は、人生に対する畏怖の念や高揚感を抱かせてくれる環境に身を置くことが重要だと思っている。僕のツリーハウスは、自分たちの手で何が実現できるのか、そして、友人や家族とツリーハウスを作り上げることがどれほど素晴らしい体験なのかを思い出させてくれる。

　僕と友人のタッカーにとって、ツリーハウス作りは子どもの頃からの夢だった。幼い頃、僕らはお互い、自分の手でツリーハウスを建てていた。2人とも家族が建築関係だったので、現場から資材をせしめてきては、小さなツリーハウスやプラットフォームを作っていた。大学時代、僕とタッカーはルームメイトだった。僕らは映画『スイスファミリーロビンソン』に登場するツリーハウスについて熱く語り合ったり、駐車場の隅に寄せられた雪で砦を作ったりした。そしてついに、夢を叶える機会がやってきた。

　このプロジェクトより前に、タッカーは建築や木工の仕事をしていて、ベイエリアで高級住宅を手掛けたりもしていたが、今回のようなプロジェクトに携わるのは初めてだった。僕は大工に囲まれて育ち、家具を作ったり、両親が家を建てるのを手伝ったりはしてきたが、このプロジェクトはまったく手に余るものだった。あふれる情熱と無邪気な心を胸に、26歳の2人は無謀ながらも足を踏み出した。

　土台作りには、ツリーハウスの先駆者として有名なマイケル・ガルニエの力を借りた。オレゴン州南部にある、世界一大きいとも言われるツリーハウスで生活するマイケルは、Out'n'Aboutという名の「ツリーゾート」を経営し、ツリーハウスビルダーを世界中に派遣するとともに、木を傷つけずに大きな建築物を作るのに欠かせない固定金具を提供するビジネスを行っている。ガルニエ・リムと呼ばれるその金具は、大きなラグスクリューのような形をしていて、木に埋め込んで固定装置にする。時間とともに、そのニッケルめっきをしたステンレス製のスクリューの周囲の木は、節や枝の周囲の木と同じように成長し、木を傷めることなく非常に強力な固定具となる。

　土台が完成し、橋が大まかにできあがると、僕とタッカーはメイン州からカリフォルニア州まで、友人や知人にツリーハウス作りを手伝いに来ないかと声をかけまくった。クレイグスリストや地元の廃材置き場で、建築に使う木材を探し回った。

数人を除けば、建築のプロなどいなかった。僕らはもっと、現代のカウボーイの寄せ集めみたいなものだった。建設現場で暮らすメンバーは常に入れ替わり立ち替わりし、車や古びたテントで眠り、キャンプファイヤーやマリファナの煙を漂わせ、安いビールでエネルギーを補給した。

　誰かにとってのいらない物が、別の人にとっては宝物だったりする。つまらないゾンビ映画に出てくるゾンビの大群のように、大量に建てられた分譲マンションがポートランドを席巻し、ノースポートランドのリビルディングセンターのような古材や廃材を扱う場所には、現代的なコンクリートとファイバーボードの建物へと建て替えるために取り壊されたビクトリアンハウスから回収された、ダグラスファーの柾目板やシダーの羽目板の廃材があふれている。

　僕らは大型の量販店で新品の木材を買うのと同じくらいの値段で、美しい老齢樹のレッドウッド材とシダー材を買った。作業中に時々100年前の釘に出くわしたりしながら、それらの木材を使ってツリーハウスの枠組みを作り、壁を張った。友人から情報をもらい、2008年の住宅危機で建設が中止になり、完成を見なかった高級住宅の窓を買った。橋の手すりには、コロンビア川で荷物を引いていたタグボートのロープを使った。屋根にはトタン板を使った。

自分の家を建てたことのある人ならわかると思うが、僕はこのツリーハウスたちが、いつまでたっても完成したとは思えないような気がしている。今でも作業は進行中で、僕は年中ベッドの位置を変えたり、みんなが集う場所をもっと過ごしやすくしたり、薪を管理する新しい方法を考えたりしている。タッカーが来たときは、いつもいそいそと改装や改修に取りかかる。雪が降る前に完成させようと、季節を追いかけながら建築していたときは、作業が終わって引っ越しするのが待ちきれなかった。今思い返すと、友人たちとツリーハウスを作りながら過ごした時間は、僕の人生の中でも最高に幸せな時間だった。

　この本の中には、いくつか薪風呂が載っている。薪風呂は驚くほどシンプルでありながら、火を起こして湯を沸かすのに何時間も火の番をした人たちに、必ず特大の笑顔をもたらしてくれる。シンダーコーン（コロンビア川渓谷にある僕の所有地）にある他のどんなものよりも、喜びをもたらし、会話をはずませ、真冬の北西部の厳しい気候の中でも、ほっと息をつかせてくれる。

　僕は『マザーアースニュース』の記事を読んで、CHOFUのボイラー式の薪風呂と、入手しやすいトタンのたらいを浴槽に使うというアイデアに興味を持った。CHOFUのボイラーは浴槽の外側に置き、サーマルサイフォンと呼ばれる仕組みによって水を温める。浴槽の下部に付いたパイプからボイラーに入った水は、燃焼室のまわりを循環して温まり、ボイラーの上部に付いたパイプから浴槽へ戻っていく。水の上部がわずかな量のお湯に置き換わることで、ボイラーに水が入っていく。このサイクルを繰り返し、水が少しずつ温まる。

　浴槽の大きさは『マザーアースニュース』ですすめられていたサイズを選んだが、2倍の速さで風呂を沸かせるという考えから、ボイラーは2台使うことにした。地元の木材置き場で安く見つけたフェンス用のシダーの1×4材でたらいを囲って、浴槽を補強するとともに、見た目も美しくした。ボイラー2台体制は上手くいき、燃やす木の種類によって、2時間半から4時間で熱々の風呂が沸かせるようになった。

　熱を逃がさないためのフタは、2インチの硬質フォームを浴槽に合わせてカットし、さね継ぎのシダー材で覆った。風呂は1年中沸かさない月はない。太平洋岸北西部の高度1100フィートの場所に住んでいると、夜の気温は6月でも華氏50度（摂氏10度）を下回ることがある。冬になると、風呂の存在は一層輝きを放ち、人と人とを結び付け、急激な寒波や雪から束の間の解放を与えてくれる。都会の裏庭でも、ロッキー山脈のオフグリッドなキャビンでも、場所が取れるなら誰にでも、こうした風呂をおすすめしたい。

材料

CHOFUボイラー　2台

4インチのステンレスパイプ（8フィート）　2本

たらい（390ガロン）　1つ

長さ8フィートのダグラスファーの1×12材　3本

木ねじ（5/16インチ×5-1/8インチ、GRK Fasteners）　1箱

土台用の古い鉄道の枕木　6本

90ポンドのインスタントコンクリート　8袋

適宜：たらいのまわりを囲むためのシダーの1×4材

（注記：単に外見的な問題。時間がとてもかかる）

TREE HOUSE ARCHIVE

Django Kroner | *The Observatory Treehouse* | Red River Gorge, Kentucky

Django Kroner | *The Observatory Treehouse* | Red River Gorge, Kentucky

Isaac Johnston | *River Treehouse* | Bigfork, Montana

Michael Garnier | *Out'n'About Resort* | Cave Junction, Oregon

Django Kroner | *The Observatory Treehouse* | Red River Gorge, Kentucky

Howard Fenton and Elaine Sol | *Shaky Knees* | Youngren Creek, British Columbia, Canada

Adam Ram | Silent Lake, Poland

Howard Fenton and Elaine Sol | *Shaky Knees* | Youngren Creek, British Columbia, Canada

Forest Woodward | North Carolina

Hunter Bancroft | *Mary Crossfield Ray of Sunshine Treehouse* | Roseburg, Oregon

Stevie Page | San Francisco, California

Michael Murphy | Yelm, Washington

CHAPTER 6

TINY HOMES

Building a Dream Tiny Home with Tucker Gorman

夢のタイニーホーム作り：
タッカー・ゴーマン

タッカー・ゴーマンは、カリフォルニア州オークランドで暮らす
ビルダーでアーティストだ。

　2012年、僕は荷物を詰め込んだフォード・エアロスターに乗って、友人のグレッグとカリフォルニアに引っ越してきた。数カ月は、そのヴァンに乗って生活したり仕事をしたりして、それから21フィートのセールボートを借りた。あらかじめ計画していたことではなくて、単なる偶然だった。窮屈な住まいだったが、当時の僕らにとってはベストな選択だった。木工業のビジネスを立ち上げたばかりで、経済的に厳しかったのだ。その頃カリフォルニアは日照り続きで、毎日快晴だったから、ボート暮らしは最高だった。ぎゅうぎゅうの船内で半年間暮らした後、僕は1000ドルで買った28フィートのヨットに引っ越した。

　マリーナでの生活を誰かに説明するとき、比較に使うものが2つある。1つはこぎれいなトレーラーパーク。もう1つはキャンプ場だ。静かで、街の中とはどことも違っている。まわりに建物はなく、ただ広い空と新鮮な空気がある。素晴らしい暮らしだが、間違いなく無骨な生き方だ。独身男のライフスタイルだ。

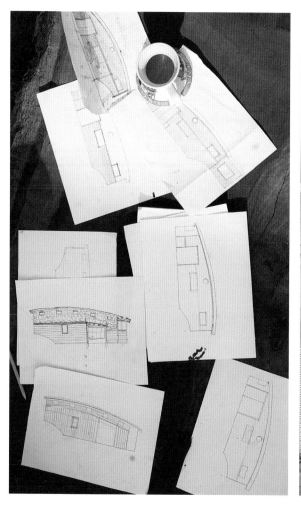

　ヨット生活の厳しさには、しばらくすれば慣れる。だが、カリフォルニアでも冬の間は大変だ。寒さはそれほどひどくはないが、湿気を含んだ寒さや、水漏れとカビの絶え間ない脅威が冬のヨット暮らしを困難にする。薪ストーブは役立ってくれた。それでも、僕はすべての人に、機会があったらしばらくボートで暮らしてみることをおすすめしたい。あんなにも水とつながれる体験は本当に貴重なものだ。

　3年間コットで1人暮らしをした後、裏庭と屋内トイレのある家の1室に住まないかと誘われた。試しに住んでみたが、何もかも思い通りにできる生活が恋しくなった。1年が経った頃、僕の木工場とつながった150平方フィート（約14平方メートル）の事務所を借りられること

になった。そこで生活もできることがわかった。ただ同然の家賃で、自分の居場所を持つことができた。あっという間に2年が過ぎた。物事はたいていこんなふうに進んでいくものだ。

　最もお金をかけず健やかに暮らせる方法を見つけるというのが、住居についての僕の信条だ。必要経費を抑えられれば、もっと自由と柔軟性を手に入れられる。よくある人生のごたごたにわずらわされることなく、方向転換をして決断できる。家計の収支を合わせるために働く必要はない。僕は基本的に、自分たちの暮らし方について、臨機応変に行動したり、創造的に考えたりすることをおすすめしたい。型にはまらず柔軟に考えてみよう。

　社会通念に縛られずに暮らすには、簡素化が必要だ。削ぎ落した生活は万人向けではないけれど、実現できれば素晴らしい。もちろん、手放さなければならないものもある。シャワーも水道も水洗トイレもないことだってある。でも、それにも我慢できて、そうした生活にも満足できるようなら、いくらかお金を貯めることもできる。そうした不便さもすすんで受け入れられるのなら、いずれはもう少し、快適な暮らしをする方向へ向かうかもしれない。そして、自分の住まいを自分で作ることになるかもしれない。

　先日、事務所（別名「ザ・タイニー・ルーム」）を立ち退くようにと告げられた。近々結婚する予定だったので、いずれにせよ、そこには長くいられなかった。将来について、いろいろ深く考えた。僕も妻のリザも、長く暮らすことができて、よく考えて設計された、小さな家族にふさわしい住まいを望んでいた。ついに、ビルダーの仕事をしながら集めてきた素晴らしい建材を使うときがやってきた。

　22フィートのトレーラーを購入し、僕らの理想の家を考えた。ざっくりとした構想のまま、設計が進化していくのを見越して、友人たちに建築の手伝いを頼んだ。もうすぐ1年が経つが、細部にこだわり過ぎ、設計を複雑にし過ぎたせいで、建築はいまだ進行中だ。作業をすすめながら設計すると、より綿密に練られたものができあがるが、たいがいは時間とお金が余計にかかってしまうことがわかった。だが、それだけの価値はあると思う。アイデアを孵化させると、よりよいものができあがる場合が多いのだ。

　小さな居住空間の問題点は、たいていの場合、とても狭苦しくなってしまうことだ。天井は低いし、ロフトは上も下もスペースが限られる。息苦しくなる場合も多い。それを避けるため、広々とした設計を採用し、高さと幅はハイウェイを走れる最大のサイズにまで広げた。片持ち梁を使った寝室には、キングサイズのベッドが置ける。カーブを描いた高い屋根は、幌馬車やジプシーの馬車やボートから着想を得た。開放感を損なわずに、居心地のよさを生み出すことはできる。部屋の隅や壁のくぼみや高所の棚は、とてもいい働きをしてくれる。

最初は広く感じたスペースも、物を詰め込み始めると、とたんに狭くなる。創意工夫して収納方法を考え出すことが重要だ。例えば、僕らはキッチンのローキャビネットの床との設置部分に浅い引き出しを取り付けた。そんなの必要ないって？　標準サイズの家に住んでいれば、そうかもしれない。でも、僕らにとってはわずかな隙間も重要だ。それに、標準的な住まいだとしても、持ち物を減らしたり、別の収納場所が必要になることはあるはずだ。

　家としての基本的な要素は完成したので、今はそこへ引っ越して、細かな部分の設計──ペンキの色や内装用の木材、収納の配置など──を決めるため、その中で過ごす感覚をつかんでいる。必要なことから順番に決めていくと、次の解決策はたいてい自然と現れるのだとわかった。全体像が見えてくるほど、残りの構造がつかめる。僕は模型を作るのが大好きだ。実際に取りかかる前に、どうやって見えるのか、どんなふうに感じるのかを確認する。手間のかかる方法だが、楽しいし様々なアイデアも浮かぶ。大切なのは、結局そこなのだ。

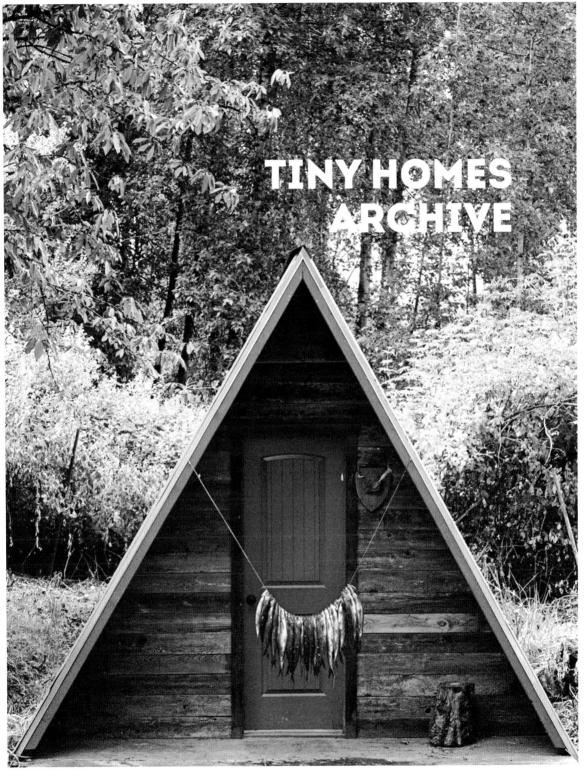

TINY HOMES
ARCHIVE

Carey Quinton Haider | *Green House* | Portland, Oregon

Brett Higson and Mackenzie Duncan | *T-House* | Victoria, British Columbia

Joey Pepper | *Alma Saunas* | Portland, Oregon

Brett Higson and Mackenzie Duncan | *G-Suite* | Victoria, British Columbia

Paul Risse | *Kinda Tiny Home* | Hico, Texas

Ryan O'Donnell | *Acorn* | Ojai, California

Ryan O'Donnell | *Los Padres* | Ojai, California | Builder: Sage Stoneman

Robin Falck | *Nolla (Zero)* | Vallisaari, Helsinki, Finland

Ryan O'Donnell | Ojai, California

Stevie Hudson and Margarita Prokofyeva | *Rambling Caravan* | Big Sur, California

Jeremy Tuffli | Oak Grove, Oregon

Jack Potter | *Elk Crossing* | Columbia River Gorge, Washington

Scott Cushman | Underwood, Washington

Hannah Mettam | Perth, Australia

CHAPTER 7

BOATS

Trevor and Maddie Gordon's Sailboat Home and Escape Pod

住まい兼脱出ポッドとしてのセールボート：
トレヴァー＆マディ・ゴードン

トレヴァー＆マディ・ゴードンは、
カリフォルニア州サンタバーバラとその周辺で、
36フィートのセールボート、ブリーサに乗って暮らしている。
トレヴァーはプロのサーファーで、マディはサーフショップの経営者だ。

　私たちがボートで暮らすようになって、もうすぐ4年半になる。住んでいた家を立ち退かされると知ったとき、選択肢の1つとして考えるようになった。トレヴァーは小さい頃、ボートでたくさんの時間を過ごしていたし、経済的にも好都合だった。

　最初は環境の変化が大変だった。それまでは、木々があってニワトリがいてという、素晴らしい場所で暮らしていた。あきらめなければならないことがたくさんあった——動物を飼ったり、朝散歩に出かけたり、朝食にフルーツを摘んだりといったことだ。だがその代わり、船を走らせたり、魚を釣ったり、自分の所有するものに住んだりできる。今までとは別の豊かさがある。

ボート探しにはしばらく時間がかかったけれど、理想的なものが見つかった。ブリーサは87年にロングビーチで建造された。そこからまっすぐサンタバーバラへやってきて、それ以降、ずっと同じマリーナの同じ係留場所に停泊していた。36フィートのカタリナで、主としてチャンネル諸島へクルージングに出かける家族向けに設計されたボートだ。チャンネル諸島は沖合に25〜50マイルほどしか離れていないため、カタリナは若干の性能を犠牲にして、その分快適さが向上されている。4人家族がのびのびと眠れるし、全員が少しだけ窮屈でも大丈夫なら、6人まで眠れる。セーリングには最高──操作がとてもスムーズで簡単──で、しかも、くつろげるスペースも十分にある。そのおかげで、特に普通のクルージングヨットと比べると、住まいにするにはうってつけのボートとなっている。

　本物のクルージングヨットは、食料や真水、燃料を大量に積めるよう設計されている。それらをすべて積もうとすると、たくさんの場所を取ることになる。私たちのボートは75〜80ガロンの水と、33ガロンの燃料を積んでいる。私たちには十分な量だ。もっと本格的な長距離のセーリング向けに設計されたボートなら、300〜400ガロンの貯水タンクと、さらに150ガロンの燃料タンクがあるのが普通だろう。それだと船体のスペースがかなりふさがれてしまう。

　港に住んでいるから、トイレやシャワーはそこで使う。数週間に一度はチャンネル諸島へセーリングに行くことにしている。たいていは1泊か2泊だけれど、1週間以上出かけるときもある。ボートでの旅にはひどく3次元的な感覚がある。ただ道に沿って進むのではなく、進路を決めて走っていく。岸を離れ、水平線しか見えなくなると、ボートに乗ったときにしか感じられない、特別な感覚が味わえる。それが地上での暮らしとは違うところだ。

　マリーナに数週間ほど留まっていると、ボートに住んでいることをすっかり忘れてしまう。マリーナのコミュニティは独特で、地上のどんなコミュニティとも違っている。ある意味では、トレーラーパークとよく似ている。でも、とても心地いい。静かだ。海の音が道路の音をかき消してしまう。確かに街の一部ではあるけれど、まさしく外れに位置している。ここまで来るには、少し手間がかかる。車でずっと街を抜けて、それから駐車をして、桟橋を10分歩くと、私たちの係留場所に到着する。食料品など、たくさんの荷物をはるばるボートまで運ぶときは大仕事になる。

ボートを入手したときには、ロープや機材をいくつか交換したけれど、他はほとんど元のままだ。内装はほぼ変えていない。ボートの設計にはたくさんの労力がかけられているから、すべて調子よく使える。

　カビの恐怖は常につきまとう。暖かい日でも、暖房はいつもつけている。ボートで生活する場合には、船内を乾燥させておくことがとても重要だ。食器棚の裏は特にカビやすいので、時々は大掃除をして徹底的に洗浄している。港のサービスで、ボートの底は毎月掃除してもらう。紫外線のダメージから守るため、帆やロープにはカバーをかけている。維持管理にはいろいろと手間がかかるが、住宅のメンテナンスとはすべきことがかなり異なる。

セーリングをしていると、たくさんのクールな人たちと出会える。そこはまったくの別世界だ。たいていの場合、彼らは常に移動している。不可能なことなどないという考え方をしていて、「ああ、どこへ行くかは決めていないよ。数カ月メキシコへ行って、その後は、そうだな、ガラパゴスかな」といった具合だ。とにかくゆったりとしている。世界中のありとあらゆる場所でいかりを下ろし、ふらりと出かけて、その場所を体感できる。タヒチへ行った後、お金を貯めるために数カ月帰国して、それからまたタヒチへ行って、そのまま旅を続けることだってできる。

　ボートを持つことで手にできる自由の大きさは格別だ。造水機と、太陽光発電機か風力発電機があれば、どこへでも行ける。食べ物を除けば、完全に自給自足できる。

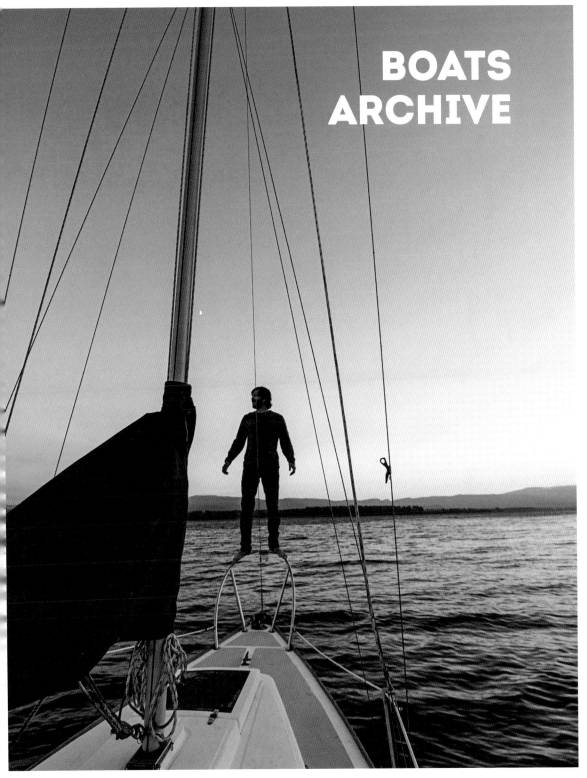

BOATS
ARCHIVE

Andrew Tomayko | *Mounika (Silent Girl)* | Ocean Park, Washington

Andrew Tomayko | *Mounika (Silent Girl)* | Ocean Park, Washington

Gabriella Palko | *Zephyr* | Valdez, Alaska

Trevor Gordon | Catalina Island, California

Shane Hilder and Tia Soby | *The Landboat* | West Coast of Vancouver Island British Columbia, Canada

Craig Murli | San Francisco, California

Chase and Chelsea Eckert | *Esprit* | New Orleans, Louisiana

Foster Huntington | *Brisa* | Santa Barbara, California

Foster Huntington | Baja, Mexico

CHAPTER 8
VEHICLES

Aniela Gottwald's Trailer Home for Horses and Adventures

馬と冒険のためのトレーラーホーム：
アニエラ・ゴットワルド

アニエラ・ゴットワルドは、40フィートのホーストレーラー、
マザーシップで旅をしながら暮らしている。
現在は、3頭の野生のムスタングと1匹の犬とともに、
カナダからアメリカまでを踏破した最新の冒険について、
ドキュメンタリー映画の制作中だ。
教育系NPO、Riding Wildの創設者でもある。

　私が馬と旅に出る間、母が生活できるトレーラーを探していた。私が旅に出るときは、母が
サポートチームを務めてくれるので、私への物資の補給のために、母が暮らすことができて、
辺鄙な場所にも連れていけるトレーラーが必要だった。2002年式のサンダウナーを中古で見
つけて、カスタムすれば最高のわが家になると確信した。母はインテリアデザイナーで、父は
建築家だった。父が亡くなるまで、両親はチームを組んで、環境を意識したサステナブルな家
作りをしていたから、私たち家族には、設計と建築の技術が深く根付いている。住む人にとっ
て唯一の特別な場所でありながら、どこか神聖さを持つような、そんな空間作りが大好きだっ
た私を、父はいつも、設計者にしたがっていた。

　サンダウナーを購入した私たちは、中をすっかり空っぽにして、材料探しに取りかかった。

ウィスコンシン州の築100年の納屋から出た廃材を使った。石板を敷き、錆びた鉄板を張って、小さなホビットストーブを置いた。スカンジナビアの小さなキャビンのような内装を目指した。私はスカンジナビア人だから、伝統的なスカンジナビアのデザインを思わせる、明るい色のシラカバ材の美しさが大好きだ。それがとてもいい形に仕上がって、いよいよマザーシップが完成した。

　トレーラー自体の全長は約40フィート。カミンズのディーゼルエンジンを積んだ2014年式のダッジ・ラム3500でけん引している。とにかく馬力のある車で、マザーシップをどこへでも連れていく。旅の間、物資を補給するために母がトレイル口まで来てくれるが、たいていは車でたどり着くのが難しいほど、とても辺鄙な場所にある。そのため、崩れた道や川床など、非常に険しい場所までマザーシップを引いていくことになる。相当無理をさせているが、いつも走り抜いてくれる。マザーシップの車体、特に側面は、やや傷だらけになっているが、それは、どれほど大きいのかをつい忘れてしまうからだ。馬を乗せているときは、全体でセミトレーラーほどの大きさになる。

　旅に出るときは、たいていトレーラーを2台引いていく。少なくとも、乗用馬2頭、サポート要員のための乗用馬が1頭、怪我をした場合の予備の乗用馬が1頭、荷物用のラバが数頭必要になるからだ。マザーシップには馬が3頭乗せられる。マザーシップを停めてテントを張るときは、いつも馬を外に出して、持ち運び式の柵に入れている。とても軽くて、馬なら倒してしまえるけれど、たいていはよくわかっていて、その境界を守ってくれる。

　数年前、アリゾナとコロラドのトレイルへ出かけ、合わせて約1300マイルを馬と旅した。母はずっとマザーシップからサポートし、それを楽しんでくれた。トレイルを抜ければ、いつでもシャワーが浴びられて、心地よい場所で休めるとわかっているのは、本当にありがたい。それが私たちの旅の暮らしにおいて、素晴らしいものとなっている。

　旅に出ていないときは、たいてい私がマザーシップで生活している。5年前にマサチューセッツからアメリカを横断して引っ越してきたときには、プリウスにベッドを入れて、そこで暮らしていた。後部のすべての窓に合わせてカーテンを作り、車内が見えないようにした。シートを倒せば、すごく快適に横になれた。プリウスでは、かなり長い間暮らした。プリウスでオフロードにも出かけたけれど、それ以来アンダーカバーが取れてしまったので、おそらくやめておけばよかったのだろう。最初の車上生活は、そんなふうだった。そしていよいよ、マザーシップで暮らし始めたときには、ニューヨークのワンルームマンションから、片田舎の広々としたペントハウスに引っ越したようだった。本当に驚くようなグレードアップだった。

私は今、馬と旅するホースパッキングを描いた映画を製作している。そうした旅は、私たちが歴史の中で人類として発展してきた過程と深く関わっていると感じる。私たちはいつも、動物たちと一緒に活動してきた。その絆は古く、私たちの血に刻まれ、切り離せない一部となっている。私たちが世界の大部分を発見し、探検し、定住できるようになったのは、動物たちとの旅のおかげだ。私の目標は、映画を通じて、そうした感情と人々とをもう一度つなげることだ。そうすることで、気候変動から深刻な影響を受ける多くの生態系だけでなく、私たちの心の状態も含めて、世界のバランスを取り戻していけるのだと、私は信じている。

　柔軟にあちこちで暮らすことができて、私はとても幸せだ。それが私の精神を満たしてくれる。私は生まれながらの遊牧民なのだと思う。私たちの祖先の多くは、季節とともに移動した。

種としての人間は、完全な定住生活をそれほど長く送っていない。世界のすべてを、少なくともアメリカ全体を、わが家と呼べるのは素晴らしい感覚だ。その感覚が、わが家は動かない場所であるという私の概念を壊し、私に自由の感覚を取り戻させてくれた。私にとって、わが家は場所ではない。一緒に旅に出ているときの母との絆だ。そして、ハイウェイを走っているときでも、一緒にトレイルを歩いているときでも、隣に馬がいてくれることだ。私にとっては、それがわが家だ。

VEHICLES ARCHIVE

Spencer Hoffman | *Betty* | Ojai, California

Spencer Hoffman | *Betty* | Ojai, California

Roan Hardman | *Shasta Trailer* | Eatonville, Washington

Trevor Gordon | Eastern Sierras, California

Whitney Bell | Santa Cruz, California

Tristan Kodors | *Elly* | Salmo, British Columbia, Canada

Sean R. Collier | *Uncle Rico* | Santa Barbara, California

Bryan Fox | *The General*

Nate Duffy | *Clifford aka The Big Red Dog* | Portland, Oregon

Austin Smith

Spencer Wilkerson | *Herald* | Northern California

Aitor and Laia | *Peugeot Boxer 12H2* | Catalonia, Spain

Dawson and Bonnie Friesen | *Argosy the Airstream* | Yarrow, Chilliwack, British Columbia, Canada

Spencer Wilkerson | Washington State

Philipp Sacher | *Mercedes 608 Walküre* | Germany

Spencer Wilkerson | Northern California

Vehicles I Have Known and Loved

僕の愛車遍歴

フォスター・ハンティントン

　僕が最初に住んだ車は、1987年式のフォルクスワーゲン・ヴァナゴン・シンクロだった。4WDの性能に優れ、コンパクトな全長ながら居住空間とギア収納スペースを豊富に備えた、とても人気のあるヴァンだ。当時は雪道を走ったり、メキシコや中央アメリカなど、インフラのあまり整備されていない場所へ行きたいと考えていたので、4WDが欲しかった。シンクロならば間違いなく最高だと思った。問題は入手が難しいことだ。僕が4WDのヴァンを探していた頃は、いい選択肢があまりなかった。しかも、これまでアメリカに輸入されたシンクロはわずか数千台のみ。そのため価値がひどく高まり、大きなファン層までできあがっているのだ。

　シンクロにはお気に入りの点がある。僕が乗っていたのはウィークエンダーと呼ばれるモデルで、折り畳み式のベッドはあるが、ウェストファリアでは標準的な手の込んだ装備は1つもない。独身で20代半ばの僕には、ぴったりのモデルだった。ウェストファリアの内装には、旧式のものがたくさんある。なかでもひどいのは、プロパンと電気のハイブリッドの冷蔵庫だ。全然使い物にならない。それに、前方部分のスペースがかなりふさがれる。僕は、ヴァンの中であまり料理をしたくないと思っていた。何度か料理をすると、すべての持ち物に料理の臭いがついてしまう。だから、料理は外でするようにしていたし、その分、室内のスペースを確保できる方がうれしかった。

衣類やウェットスーツ、サーフボードなどを収納するため、屋根には小さなルーフボックスとルーフラックを載せた。インバーターや新しいオーディオシステムも取り付けた。ヴァナゴンのよい点は、たくさんの窓がついているところだ。おかげで視界が素晴らしい。だが、車中泊をするときには、外から車内が見えてしまうので、それが問題にもなる。そこで、カリフォルニア州ワトソンビルにある、メキシコ人が経営する修理工場で、スモークを貼ってもらった。リムジン用のスーパーダークのスモークだ。僕が手を加えたのはその程度だった。

　ヴァナゴンで1年半暮らし、故障に悩まされ続けた経験から、自分が探せる限りで、最も信頼性の高い車を見つけたいと思うようになった。フラットな荷台の付いたピックアップトラックが気になり始めた。オーストラリア人が乗るキャンパーの写真を見ていると、小型のピックアップトラック――日産パトロールやトヨタ・ハイラックスなど――をベースに、荷台をフラットにカスタムして、ポップアップルーフ付きのキャンパーを載せたものが多い。ずば抜けた信頼性と、圧倒的なオフロード性能、心地よい居住空間が手に入るとうたわれていた。そんな世界中を駆け回れるエクスペディションヴィークル（探検車）を作りたいと夢見るようになった。パンアメリカンハイウェイを走破したい。そんな野望を抱いていた。

　そうしたことを夢見るようになると、実にたやすく我を忘れてしまう。僕はエクスペディションヴィークルやアドベンチャーヴィークルに関する情報交換のサイトを読みあさり、追加タイヤ2本、エンジン用シュノーケル、ウインチといった、並外れた装備がすべて必要だと判断した。装備マニア的な考え方にすっかり陥っていた。結局、大金をつぎ込んでピックアップをカスタムしてもらうことになった。その段階でもまだ、計画的には素晴らしいと思えた。6速のマニュアル車、軽量のキャンパー、追加の燃料タンク、ウインチなど、何もかも揃っていた。ビルダーは、すべて上手くいくと請け合った。最終的にできあがった車は、総重量を1500ポンドオーバーしていた。スピードを出したままカーブを曲がると、3輪走行になった。重すぎて標準的なブレーキでは用が足りず、さらに大きなブレーキを買わなければならなかった。4万マイルでクラッチがすり減った。追加分の重量は制御できなかった。500ポンドのときは非常に優れたオフロードの性能を発揮するピックアップが、2500ポンドになるとミニヴァンのような走りになってしまうことがわかった。しかも、シュノーケルなどの大げさな装備はまったく必要なかった。結局そのピックアップは売り払い、僕はこの一連の車騒動から、一歩距離を置くことにした。

　生活できる車が与えてくれる自由を知ると、その感覚はいつも頭の片隅に残ることになる。僕がまた車で旅に出たいと思い始めるまでに、それほど時間はかからなかった。でも、たくさ

んの費用をかけて実用的ではない車をカスタムして、お手上げ状態になるのはもうこりごりだ
った。そこで、もっと安い選択肢をいろいろと試してみることにした。まずはエアロスターを
1000ドルで買った。あまり気に入らずに売り払い、日産のピックアップを1200ドルで買った。
クレイグスリストで金属製のキャノピーを見つけ、後部にマットレスを敷けるように合板を張
り、あちこちへと出かけた。その車には3年乗ったが、大活躍してくれた。オフロードも走れ
て、快適に眠れて、キャンプやサーフィンの道具もたくさん積めた。お金をかけてとことんカ
スタムした夢の車から、基本的な暮らしができる手頃な中古車に乗り換えてみて、僕にとって
はどちらも大して変わらないことに気が付いた。日産に乗っているときも、フラットな荷台の
超改造車に乗っているときと同じくらい幸せだった。しかも、運転はずっと楽だった。

今はダッジ・スプリンター118に乗っている。普段乗りのホンダCR-Vと全長が変わらないのが本当に驚きだ。スプリンターはずっと気になっていた。2WDながらも素晴らしいヴァンだ。ロードトリップ用に別のいい車が欲しいと思うようになり、クレイグスリストでアメリカ中を探し始めた。1週間も経たずに、フェニックスで完璧だと思える1台が見つかった。出品者に電話をして、手付け金を支払い、片道切符の飛行機で飛んで行って、運転して帰ってきた。この車に乗るようになって、これ以上ないほどの幸せを感じている。ごく普通の駐車スペースに停められる。ハイトップだから、中で立ち上がって歩くことができる。燃費はガロンあたり28マイル。生活するためのヴァンとしては、僕にとって間違いなく最高の車だろう。これこそ僕が求め続けてきたものだ。快適な空間を確保できる高さがある。作業用のヴァンに見えるから、街の路上で眠っても気付かれない。車高も高い。かなりの悪路を走ったこともあるが、トラブルは一度も起きていない。そして何より、値段もそれほど高くない――年式が古ければだが。

生活できる車を入手したいと真剣に考えている人には、僕のように夢ばかり見ない方がよいとアドバイスしたい。その車に何を求めるかという自分の理想があって、さらに、その車を実際にどう使うかという現実がある。オーストラリアの奥地で岩場を登ったり、しぶきを上げて川を渡ったりしたいと思うかもしれないが、実際のところ、そうした場所へ行く機会は少ない。あるいは、メキシコまで南下して、限りなく辺鄙な場所へたどり着いたとしよう。過酷な僻地を運転しながら、「ああ、この車があって本当によかった」と思った目の前を、地元の人たちがホンダ・シビックやダッジ・ネオンで走り去って行く。キリマンジャロへアプローチできそうな車に乗っているのが、ばからしく思えてくる。

だが、どんな車であったとしても、車での旅はかけがえのないものだ。何よりも、自由であると感じられる。ある場所で目を覚まし、別の場所に自分の家を移動できる。それは素晴らしいことだ。ただ聞いただけでは、当たり前のことにも思えるが、実際に体験してみると――例えばネバダ州で目を覚まし、「ビッグサーへ行こうか、それともオリンピック半島へ行こうか」と考えて、本当にどちらへも行けるのだとわかると――その自由がどれほど大きなものなのかが実感できる。僕らの文化から完全に失われてしまった自立性と自主性の感覚だ。わずか数日だったとしても、僕はロードトリップに出かけるたび、その感覚を何度でも思い出す。

僕は今、家に住んでいる。ずっと車で暮らそうとは思わなかった。だが、車で生活した日々は、僕の人生において信じられないほど大切な時間だった。あの頃を振り返ると、僕はマーク・トウェインの「旅することは、先入観や偏見、心の狭さを壊してくれる」という言葉を思い出す。この言葉は真実だ。もし機会ができるなら、最低でも数カ月、すべての人に車で生活してみてほしい。人生が変わる体験だから。

謝 辞

インタビューを編集し、本書に収まるようにまとめてくれたジェイク・ウィンチェスターに感謝する。また、たくさんの提供写真を取りまとめ、掲載や情報について調査してくれたランディ・マーティンにも感謝する。

建物や住居について柔軟な発想ができるよう、僕や僕の家族、そして世界中のたくさんの人たちにインスピレーションを授けてくれるロイド・カーンに感謝する。

僕は母であるステファニー・ハンティントンからたくさんのことを教わり、そして建築も学んだ。子どもの頃は母が建てた家に住んでいた。母のインスピレーションや大人としての手助けがなかったら、僕は今ツリーハウスに住んでいなかっただろう。

大学1年のときタッカー・ゴーマンと出会っていなかったら、そのときもやはり、僕は今ツリーハウスに住んでいなかっただろう。今日までずっとインスピレーションを与え続けてくれるだけでなく、ツリーハウスを含め、僕の人生において様々な作業を請け負ってくれる素晴らしいビルダーでもある。

本書の編集者、リサ・テナグリアにも感謝する。僕の判読しがたい綴りにも寛容で、個人的なスケジュールにも合わせて作業してくれた。彼女の尽力がなければ、本書は実現しなかっただろう。

僕の家族にも感謝する。建築は、親しい人たちとの関係を培い、深めてくれる。僕にとって最高に幸せな思い出は、親しい友人や家族とともに様々な建物を作ったことだ。

最後に、ケイシーと愛犬のジェンマに感謝する。家であっても本であっても、何かを作るときには、わが家からの励ましとサポートと愛が必要だ。

寝室が2.5部屋ある集成材でできた家を建てるのをやめ、何か特別なものを作ろうと決意したビルダーたちの血と汗と涙がなければ、本書は存在しなかった。本書に掲載された場所や写真を生み出したのは、自らの空間を作り出し、写真に収めようとする彼らの情熱とエネルギーだ。

CONTRIBUTORS

Aitor
Hunter Bancroft
Michael Basich
Michael Becker
Annie Beedy
Whitney Bell
Sora Blu
Taylor Bode
Bubbawood
Ryan Cafferky
Sean R. Collier
Rob Cox
Scott Cushman
Nate Duffy
Mackenzie Duncan
Chase and Chelsea Eckert
Eagle Eye
Robin Falck
Howard Fenton
Bryan Fox
Dawson and Bonnie
  Friesen
Matthew Furmanski
Michael Garnier
Jon Giffin
Samuel Glazebrook
Trevor and Maddie
  Gordon

Tucker Gorman
Aniela Gottwald
Chris Graham
Carey Quinton Haider
Roan Hardman
Ben Hayes
Brett Higson
Shane Hilder
Spencer Hoffman
Stevie Hudson
Dan Huntington
Isaac Johnston
Amy and Tom Jones
Lloyd Kahn
Tristan Kodors
Ann-Tyler and Brian
  Konradi
Django Kroner
Laia
Belinda Liu
Hannah Mettam
Michael Murphy
Jay Nelson
Steven and Hanna Nereo
Ryan O'Donnell
Amy O'Hoyt
Mike O'Toole
Ansel Ogle

Stevie Page
Gabriella Palko
Alana Paterson
Joey Pepper
Shea Pollard
Jack Potter
Margarita Prokofyeva
Adam Ram
Michael Reynolds
Paul Risse
Sacha Roy
Philipp Sacher
Harrison Schaeffer
Roman Schnobrich
Tim Gilman Sevcik
Tia Soby
Elaine Sol
Nathan Suitter
Cyrus Sutton
Casey Tane
Andrew Tomayko
Jeremy Tuffli
Jeff Waldman
Spencer Wilkerson
William Winters
Jon Wood

OFF GRID LIFE
自然とつながる、住みかをつくる

2021年2月2日　初版発行

著者	フォスター・ハンティントン
訳者	樋田 まほ
翻訳協力	株式会社トランネット（www.trannet.co.jp）
編集	浅見 英治（TWO VIRGINS）
日本版装丁・デザイン	水谷 イタル
販促	住友千之、尾形祐樹（TWO VIRGINS）
企画	後藤 佑介（TWO VIRGINS）
発行者	内野 峰樹
発行所	株式会社トゥーヴァージンズ

〒102-0073　東京都千代田区九段北4-1-3
TEL03-5212-7442　FAX03-5212-7889
info@twovirgins.jp
https://www.twovirgins.jp

印刷所	株式会社シナノ

ISBN 978-4-908406-88-1　PRINTED IN JAPAN